AF402978

PIERRE ALYPE

LA

DÉTAXE DE DISTANCE

ET LE

PROJET DE LOI DU GOUVERNEMENT

SUR LES SUCRES

PARIS

IMPRIMERIE MODERNE, WATTIER DIRECTEUR

61, RUE JEAN-JACQUES-ROUSSEAU, 61

1880

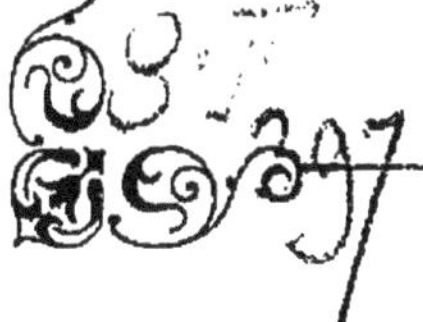 

LA DÉTAXE DE DISTANCE

ET LE

PROJET DE LOI DU GOUVERNEMENT

SUR LES SUCRES

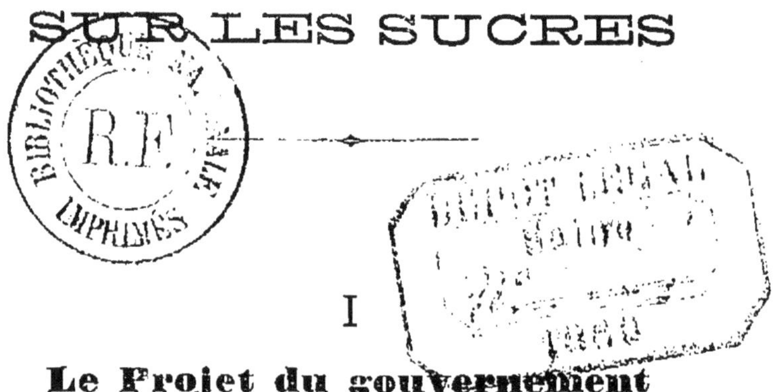

I

Le Projet du gouvernement

Contre l'attente générale, M. le ministre
des finances vient de déposer, sur le bureau
de la Chambre des députés, un projet de loi
relatif au dégrèvement des sucres. D'après
ce projet, l'impôt des sucres qui est actuellement de 70 fr. les 100 kil. serait réduit à
40 fr., soit une diminution de 30 c. par kil.
Le dégrèvement commencerait le 1er octobre
de cette année ; il produirait pour le Trésor,
au début, une perte de 75 millions ; mais

l'on a calculé qu'après trois années, l'accrois-
sement de la consommation restituerait à
l'Etat la totalité de ce qu'il aurait perdu par
le fait de la réduction de la taxe.

Il ne nous appartient pas de rechercher ici
les motifs qui ont pu déterminer M. le ministre des finances à accorder aujourd'hui ce
qu'il refusait il y a trois mois, dans l'intérêt,
disait-il, de l'équilibre du budget ; nous pas-
sons également sous silence les commen-
taires de toute sorte auxquels cette conver-
sion subite, imprévue, à des idées nouvelles,
a donné lieu dans la presse et dans le monde
des affaires.

La commission du budget est saisie de la
proposition de loi, et elle délibère au moment
où nous écrivons. Quoi qu'il arrive, qu'elle
l'accepte ou rejette, il est de notre devoir de
lui signaler, dès à présent, les conséquences
désastreuses qui en résulteraient pour nos
colonies si, à côté du dégrèvement, on ne
leur accordait ce qu'elles demandent par
leurs organes les plus autorisés, la détaxe de
distance, sans laquelle il n'y aurait plus possibilité pour leurs produits de lutter, ni même
de se vendre à des prix rémunérateurs sur
les marchés de la métropole.

Voici d'abord, dans sa teneur, le projet
de loi du gouvernement :

ARTICLE PREMIER.

Les droits sur les sucres de toute origine et les glucoses indigènes livrés à la consommation sont fixés ainsi qu'il suit, décimes et demi-décimes compris :

Sucres bruts et raffinés : 40 fr. par 100 kil. de sucre raffiné.

Idem 43 fr. par 100 kil. de sucre candi.

Sucres extraits, dans les établissements spéciaux, de mélasses libérées d'impôt : 14 fr. par 100 kil.

Glucoses : 10 fr. par 100 kil.

ART. 2.

Les sucres étrangers sont soumis aux surtaxes déterminées ci-après :

Sucres bruts et sucres non assimilés aux sucres raffinés importés des pays d'Europe ou des entrepôts d'Europe : 3 fr. par 100 kil.

Sucres raffinés ou assimilés aux raffinés : de toute provenance, 6 fr. par 100 kil.

Sucre candi, de toute provenance : 6 fr. 50 par 100 kil.

Sont, en outre, modifiés comme suit les droits des dérivés du sucre énumérés ci-après :

Sirops, bonbons et fruits confits.

Droit du sucre raffiné.

Confiures et biscuits sucrés.

Moitié du droit du sucre raffiné.

Mélasses autres que pour la distillation, ayant en richesse saccharine absolue : 54 0/0 ou moins, 12 fr. par 100 kil.

Idem plus de 53 0/0, 28 fr. par 100 kil.

Chocolat : 88 fr. par 100 kil.

ART. 3.

Sont considérés comme sucres raffinés, pour l'application des droits, les sucres en pain ou agglomérés de toute forme.

Sont assimilés aux raffinés les sucres en poudre provenant des pays étrangers et dont le rendement présumé au raffinage dépasse 98 0/0.

ART. 4.

Les sucres en poudre de toute origine non assimilés aux raffinés, autres que ceux auxquels s'applique le droit spécial de 14 francs édicté par la présente loi, sont imposés d'après leur rendement présumé au raffinage, pour l'application du régime de l'admission temporaire créé par la loi du 7 mai 1864, les sucres non raffinés, indigènes ou coloniaux, de toute qualité et les sucres étrangers autres que ceux assimilés aux raffinés, qui sont importés directement des pays hors d'Europe. Dans l'un et l'autre cas, quel que soit le rendement présumé, les sucres ne peuvent être frappés des droits, ou reçus en admission temporaire, pour un rendement supérieur à

98 0/0, ni pour un rendement inférieur à 70 0/0.

Le rendement présumé au raffinage continuera d'être établi au moyen de l'analyse polarimétrique et la déduction des cendres et de la glucose. Les coefficients des réfactions à opérer sur le titre saccharimétrique sont fixés à 4 pour les cendres et à 1 pour la glucose.

Dans le cas de recours à l'expertise légale, les titrages constatés par les laboratoires de l'Administration seront maintenus lorsque les différences en plus ou en moins, reconnues par les commissaires-experts, n'atteindront pas un degré.

Art. 5.

Les sucres raffinés en pains ou agglomérés présentés à l'exportation, ou à la décharge des obligations d'admission temporaire, ne sont comptés pour leur poids total qu'à la condition d'être parfaitement épurés, durs et secs.

Les sucres candis doivent être en cristaux secs et transparents. Ils sont admis à raison de 100 kilogrammes de candi pour 107 kilogrammes de sucre raffiné.

Les sucres raffinés autres que ceux désignés au premier paragraphe ci-dessus, les poudres provenant du pilage ou du sciage des pains dans les établissements libres et les vergeoises sont reçus à la décharge des obligations d'admission temporaire pour la quantité de sucre raffiné qu'ils représentent. Cette quantité est constatée dans les conditions prévues par le dernier paragraphe de l'article précédent, mais sans déduction de la glucose.

Art. 6.

Il sera procédé à l'inventaire des sucres de toute nature des sirops en formes et des sirops blancs destinés au clairçage des sucres raffinés en cours de fabrication, qui existeront dans les établissements au jour de la mise à exécution de la présente loi.

Les sucres raffinés seront comptés pour leur poids intégral et les sucres candis pour 7 0/0 en sus. Les autres sucres et les sirops en cours de fabrication seront évalués en sucre raffiné. Le rendement en sera calculé avec les coefficients, de 4 pour les cendres et de 1 pour laglucose.

Il sera déduit du chiffre total de l'inventaire les quantités de sucre raffiné afférentes aux obligations d'admission temporaire non encore apurées.

Le surplus donnera droit à une restitution de 30 francs par 100 kilogrammes de sucre raffiné.

La restitution s'opèrera au moyen de certificats d'inventaire établissant la somme revenant aux ayants-droit. Ces certificats seront reçus jusqu'à due concurrence avant le 1ᵉʳ janvier 1881, en payement des droits au comptant sur les sucres livrés ultérieurement à la consommation.

Dans les quinze jours qui précéderont l'application de la loi, les employés des douanes et des contributions indirectes devront être admis dans les raffineries à toute heure de jour et de nuit. Ils pourront suivre les opérations des raffineries et procéder à toutes les constatations et vérifications préparatoires qu'ils jugeront nécessaires.

Les obligations d'admission temporaire, pour lesquelles il n'aura pas été représenté, au moment de l'inventaire, des quantités correspondantes de sucres raffinés ou de matières en cours de fabrication, ne pourront être apurées qu'au moyen de certificats d'exportation ou d'entrée en entrepôt antérieurs à l'application de la loi, ou par le payement du droit de 73 fr. 32 c, par 100 kilogr. sur les quantités de sucre raffiné prises en charge.

Art. 7.

L'article 7 de la loi du 31 mai 1846 est modifié ainsi qu'il suit :

Les employés tiennent, pour chaque fabrique, un compte des produits de la fabrication tant en jus et sirops qu'en sucres achevés ou imparfaits.

Les charges en sont calculées, au minimum, à raison de 1,200 grammes de sucre raffiné pour 100 litres de jus et par chaque degré du densimètre au-dessus de 100 (densité de l'eau) reconnus avant la défécation à la température de 15 degrés centigrades. Les fractions de moins d'un dixième de degré sont négligées.

Le volume du jus soumis à la défécation est évalué d'après la contenance des chaudières, déduction faite de 10 0/0.

Art. 8.

L'emploi de tout procédé ayant pour objet de déguiser la richesse du sucre et de tromper sur son poids est puni des peines prononcées par l'article 3 de la loi du 30 décembre 1873, sans préjudice des dommages et intérêts qui peuvent être alloués au Trésor.

Art. 9.

Sont compris sous la dénomination de glucoses, tous les produits saccharins non cristallisables, quels que soient leur degré de concentration et la matière première dont ils sont extraits. Ces produits sont assujettis au droit fixé par la présente loi, à moins qu'ils ne soient exportés ou employés dans la fabrication des bières, auxquels cas ils sont exonérés de tout impôt.

Toutefois, il n'est dérogé à l'article 8 de la loi du 1er mai 1822, en ce qui concerne l'application de la taxe sur la petite bière à un brassin auquel sont ajoutées des glucoses exemptes d'impôt, que si, à la température de 15° centigrades avant fermentation, le moût de cette bière ne marque pas plus de 2° 5 au densimètre centésimal.

Un règlement d'administration publique déterminera les autres conditions auxquelles est subordonnée la franchise pour les glucoses mises en œuvre dans les brasseries.

Le deuxième paragraphe de l'article 22 de la loi du 31 mai 1846 est abrogé.

Art. 10.

Il sera pourvu à la diminution momentanée que le dégrèvement prononcé par la présente loi entraînera dans le produit des impôts indirects, au moyen des ressources extraordinaires énumérées aux articles ci-après.

Art. 11.

Sera attribuée et portée en recette au Budget de l'exercice de 1880 la somme de 17.788.952 fr. 84 c., montant de l'excédant des ressources sur les besoins de la première partie du compte de liquidation.

Art. 12.

Seront attribués et portés en recette au Budget de l'Exercice 1881, jusqu'à concurrence de la somme de 59.609.400 fr., les excédants disponibles de recette qui ressortiront lors du règlement définitif des Exercices 1877 et 1878.

Art. 13.

Seront attribués et portés en recette au Budget de l'Exercice 1882, le reliquat de l'excédant disponible de recette de l'Exercice 1878 et l'excédant de recette de l'Exercice 1879, jusqu'à concurrence d'une somme de 45.984.000 fr.

Art. 14.

Les dispositions de la présente loi seront appliquées à partir du 1er octobre prochain.

****

Telle est dans son ensemble la proposition de loi soumise en ce moment à l'examen de la commission du budget. Comme on le voit, elle est on ne peut plus favorable aux producteurs indigènes qui en recueilleront immédiatement tout le bénéfice, et pour s'en convaincre, il suffit de remarquer avec quel enthousiasme la nouvelle du dégrèvement est accueillie par le journal des *fabricants de sucre*, le principal organe de l'industrie betteravière en France ·

« l'évènement du jour, dit-il, est le dégrèvement des sucres, proposé par le gouvernement dans des proportions considérables, au
début de la campagne, c'est à dire à partir
du 1er octobre. C'est dans la séance du
8 juin que M. Magnin, ministre des finances,
nous a réservé cette agréable surprise. Cette
bonne nouvelle a causé partout la satisfaction
la plus grande, et elle a fait naître des espé-
rances que les résolutions de la Chambre,
nous en avons la confiance, ne tromperont
point. »

Et plus loin, examinant les heureuses conséquences du dégrèvement, au point de vue
de la sucrerie indigène, le même journal
ajoute : « la production du sucre est illimi-
tée ; en dehors des conditions économiques
ou fiscales qui peuvent l'affecter temporaire-
ment, *rien ne saurait notamment atteindre la
culture de la betterave dont le développement
peut répondre à celui de la plus vaste consommation du précieux produit qui en dérive.*

« Notre consommation actuelle est de
250 millions de kilog: *qu'elle s'élève à 500
millions, à un milliard de kilog. en plus, l'industrie du sucre de betterave suivra sans effort
ce développement considérable.* »

II

Le Droit des Colonies à la détaxe

Cette thèse est précisément celle que nous soutenons depuis longtemps ; comme le journal des *fabricants de sucre*, nous sommes convaincu que le dégrèvement aura un double effet : augmentation de la consommation et développement encore plus considérable de la production, et c'est là qu'est le danger pour les colonies, danger qui ne peut être conjuré que par la détaxe de distance, puisque leurs produits, notamment ceux de la Réunion, ont à supporter du point de départ au point d'arrivée dans la métropole, une surcharge de 7 à 8 fr. par 100 kil. que ne supportent point les produits similaires indigènes.

C'est cette inégalité qu'il s'agit de faire disparaître, sans qu'il en résulte aucun dommage pour le sucrier métropolitain.

En effet, ce que demandent les colonies, ce n'est ni une faveur, ni un monopole, c'est simplement la possibilité de retrouver dans la vente de leur principale denrée les frais de culture et de fabrication ; en un mot, la possibilité de joindre les deux bouts, et dans ce but il faut que la détaxe de distance leur vienne en aide, car la question est de savoir si l'on veut sauver une industrie menacée de ruine par le projet du gouvernement.

Que dit l'honorable ministre des finances, dans l'exposé des motifs, pour justifier sa proposition?

« Nos fabricants soutiennent péniblement, sur les marchés étrangers, la concurrence des sucres primés de divers pays. Le jour où ces marchés leur seront tout à fait fermés, ils seront fatalement réduits, au grand préjudice des agriculteurs qui leur livrent la betterave, à limiter leur production aux besoins de la consommation intérieure. Ce jour-là, prochain peut-être, l'une de nos plus belles industries serait bien près de la ruine si elle ne trouvait, dans l'élasticité de la consommation, un débouché en rapport avec ses moyens de production. Malgré deux mauvaises récoltes, le produit de la fabrication indigène est, en moyenne, pour les huit dernières campagnes, de 396 millions de kil., auxquels il faut ajouter environ 85 millions de kil. de sucre de canne provenant de nos colonies, et 90 millions de kil. de sucre étranger. L'ensemble des ressources annuelles n'est pas inférieur, on le voit, à 571 millions de kil., alors que, pour la même période, la consommation (250 millions de kil) et l'exportation après raffinage (213.000,000 de kil.) dépas-

sent à peine de 463 millions de kil. Il reste
donc, chaque année, à trouver le placement,
par voie d'exportation directe, d'une quantité
de 108 millions de kil. de sucre brut de très
peu supérieure à celle des sucres importés de
l'étranger. A défaut de débouchés suffisants,
une mesure susceptible de provoquer le
développement de la consommation intérieure paraît urgente. Or, un abaissement de
taxe assez sensible pour que le sucre soit
livré à bas prix, paraît être le seul moyen
duquel on puisse attendre un pareil résultat
qui profiterait tout à la fois aux consommateurs, à l'industrie et à l'agriculture, celle-ci
ne pouvant restreindre la culture de la betterave sans compromettre ses assolements. »

Ces excellentes raisons sont justement
celles que nous invoquons, de notre côté,
en faveur des planteurs des colonies. Avons-
nous intérêt à leur opposer sur nos marchés,
sans aucune compensation, les sucres métropolitains, des sucres désormais *primés* en
vertu du nouveau projet de loi, puisqu'ils
n'auront pas à supporter la surcharge de
8 fr. par 100 kilog. et que par suite ils seront offerts au consommateur à meilleur
compte, sans préjudice pour le producteur ?
Avons-nous intérêt à sauver de la ruine
« l'une de nos plus belles industries » pour
ne pas dire la seule industrie qui existe dans

nos possessions d'outre-mer? Est-il vrai, que, si le dégrèvement pour la France, « paraît être le seul moyen duquel on puisse attendre un pareil résultat qui profiterait tout à la fois aux consommateurs, à l'insdustrie et à l'agriculture » il en sera de même de la détaxe pour les colonies? Est-il vrai que le dégrèvement, sans cette légitime compensation, leur portera un coup mortel, par suite du développement considérable de la production en France, développement que l'on peut prévoir à coup sûr dès à présent. Est-il vrai que la détaxe, loin d'être un privilège au profit des colonies, ne sera qu'une mesure de justice, puisqu'il s'agit de faire disparaître l'inégalité qui existe entre leurs sucres et les sucres indigènes au moment où ils se présentent sur les marchés métropolitains? Est-il vrai qu'il n'en résultera aucun dommage pour ceux-ci, vu qu'ils conserveront toujours les avantages que donnent l'outillage perfectionné, et la production dans des meilleures conditions?

Telles sont les questions que la commission du budget devra examiner sérieusement avant de sacrifier les colonies, car ce serait les sacrifier positivement que de ne point consentir à ce qu'elles demandent.

III

De quelques objections

Je me plais à croire que la commission ne s'arrêtera pas à certaines objections intéressées qui sans cesse reviennent sur le tapis et qu'il est à peine besoin de réfuter, du genre de celles-ci par exemple : « que les colonies fassent autre chose ; que les colonies aillent porter leurs sucres ailleurs, si elles n'en trouvent point le placement en France. » Consultez les exportateurs et les armateurs français ; demandez-leur s'il est de leur intérêt que les colonies achètent à l'étranger tout ce qu'elles ont l'habitude d'acheter en France.

Comment ! quand les Chambres viennent de voter plus de six cents millions pour l'exécution de grands travaux sur divers points du territoire ; quand de tous côtés on crée des routes nouvelles, on creuse des canaux, on multiplie les lignes de chemins de fer, on agrandit les ports, on augmente le nombre des docks et des entrepôts, dans le but de donner une plus grande impulsion à l'agriculture, au commerce, à l'industrie, à tous les agents de la fortune publique, c'est alors qu'on dirait aux colonies : « nous n'avons plus besoin de vous, allez porter ailleurs vos denrées ; allez demander aux marchés étrangers tout ce dont vous avez besoin. « Ce serait de la folie ! »

Autre objection qui, au premier abord, paraît plus fondée, mais qui n'est que spécieuse. On nous dit : mais de quoi donc se plaignent les colonies ? Est-ce que la canne à sucre ne rapporte pas plus à l'hectare que la betterave ? N'avez-vous pas ainsi, et au delà, cette compensation que vous demandez ?

Cet argument pouvait avoir quelque valeur il y a de cela trente ans, après l'abolition de l'esclavage, alors que les anciennes caféières, des terres presque vierges, furent tout à coup transformées en champs de cannes à sucre. A cette époque, en effet, on obtint des récoltes magnifiques ; mais aujourd'hui, il n'en est plus de même ; les cultures ne se maintiennent qu'à force d'assolements et d'engrais chimiques. Elles sont rares les colonies où la canne donne de 8 à 10 0/0, tandis que la betterave, grâce à un travail plus facile et moins dispendieux, produit actuellement, dans certains pays d'Europe, notamment en Allemagne et en Autriche, de 8 à 9 0/0, et tout porte à croire que ce chiffre sera dépassé avant longtemps, comme le prouve la statistique que nous avons sous les yeux.

Au surplus, la culture de la canne à sucre est beaucoup plus onéreuse que celle de la betterave. C'est ce que constate le rapport présenté au ministre de la marine par le directeur des colonies, le 8 mars 1875 :

« Aux colonies, l'agriculture, pour commencer par elle, n'a qu'un produit : le sucre. Les autres cultures, vu la nature des terres ne peuvent s'étendre que sur des espaces restreints, et sont moins riches encore que la canne. Aucune ne permet d'assolement, ne produit de fumiers ou de débris à rendre au sol. C'est de loin et à grands frais qu'il faut faire venir maintenant les engrais artificiels, qui seuls peuvent entretenir sa puissance. Les plantes parasites, que l'abondance de l'eau et la force du soleil développent avec une extrême abondance dans certaines saisons, nécessitent des sarclages constants qui ne peuvent se faire qu'à main d'homme. Aujourd'hui il est reconnu qu'un hectare de terre de nos départements du nord produit autant de sucre qu'un hectare de cannes, et le résidu de la betterave sert à alimenter les bestiaux, tandis que la bagasse et la paille de la canne forment le seul combustible qu'aient à leur disposition les usines.

« La canne ne donne de produits qu'après dix-huit mois de soins, la betterave reste en terre six mois à peine.

« La main-d'œuvre, j'en ai parlé déjà, est fournie par les noirs créoles, dont le travail est toujours plus recherché qu'offert dans ces pays où le climat n'impose pas, pour le logement, les vêtements et la nourriture, les mêmes obligations à l'ouvrier que dans nos contrées tempérées ; si ce sont des coolies qu'on veut employer, il faut les engager pour cinq années, payer d'avance, au début de cette période, leur passage d'aller et retour ; il faut les nourrir, les hospitaliser et les entretenir même au cas où leur santé ne leur permet plus de fournir le travail qu'on attendait d'eux. On se rendra compte de l'importance des frais qui résultent de ces avances, si l'on songe que le taux de l'intérêt légal est, aux colonies, de 10 et 12 0/0, et le taux réel des prêts, souvent plus élevé encore.

« Cette charge n'est pas moins grande pour le sucrier qui ne trouve rien sur place de ce qui est nécessaire à son industrie, ni machines ni ouvriers d'art ; qui est obligé de tout faire venir de loin et à grand prix. La houille, qui lui serait nécessaire, vaut plus de deux fois ce qu'elle coûte en Europe,

« Ses produits ne sont point dans une situation meilleure. Ces îles perdues au milieu de l'Océan, n'ont qu'une population minime par suite, pas de consommation locale. Il faut tout envoyer au loin ; les remises ou les

retours d'argent sont grevés de frais de ban-
que considérables.

« Comment admettre, dès lors, que le produit puisse supporter la concurrence du
sucre métropolitain exonéré de tant de dé-
penses et du sucre étranger fabriqué dans
d'autres conditions. »

IV

L'opinion des colonies

Parlerai-je maintenant de l'opinion publique aux colonies ? Elle est unanime sur ce
point ; partout la détaxe de distance est con-
sidérée comme une nécessité de l'heure présente.

Que dit, en effet, la Chambre de commerce de la Réunion dans sa délibération du
24 janvier 1880 ?

« Le sucre colonial n'est plus un concur-
rent à craindre pour le sucre indigène.
D'autre part, la théorie nouvelle des tarifs
compasateurs convertit en un droit ce qui,
dans l'opinion du plus grand nombre, n'était
considéré que comme un privilège.

« La Chambre demande avec confiance le
rétablissement de la détaxe de distance, écrit

dans la loi de 1860, en émettant le vœu que cette détaxe soit équivalente au montant des frais supportés par les sucres de la Réunion pour se rendre sur les marchés métropolitains. »

Que dit le *journal du Commerce*, un des organes les plus autorisés de l'île de la Réunion, dans son numéro du 4 mai 1880 ?

« Le dégrèvement du sucre est la question principale en France ; il est important parce qu'il favorise la consommation de ce produit qui est incontestablement de première nécessité aujourd'hui. Ce qui en assure le succès, et le succès progressif, c'est avant tout la puissance du plus grand nombre de ceux qui sont intéressés dans la sucrerie indigène ou betteravière.

« Les sucres coloniaux profiteront aussi de ce dégrèvement, mais quel bénéfice ou quel avantage en retireront-ils ? aucun.

« Bien plus, ils seront exposés à des réalisations plus difficiles ou même désastreuses, par suite de l'installation de nouvelles usines et d'une grande extension de la culture betteravière que le dégrèvement provoque déjà.

« Pour être juste envers les colonies, il faudrait établir, en même temps que le dégrèvement la détaxe différentielle, une détaxe proportionnelle aux frais que nécessite la distance que notre principale denrée doit parcourir pour arriver sur les marchés métropolitains. Il n'est pas juste que le sucre colonial ne soit pas exonéré de ce surcroît de charges qui lui fait une situation inférieure à celle du sucre indigène. Aussi proclamons-nous que la détaxe n'est pas un fait de protection; c'est un acte de justice que les colonies françaises réclament de leur métropole, et qui, en contribuant à diminuer les pertes supportées depuis nombre d'années par la marine marchande, en permettrait le relèvement pour le meilleur profit de la marine de l'Etat.

« La détaxe est appelée à conjurer la ruine de l'industrie sucrière dans les colonies et principalement à la Réunion. »

Que dit la *Revue commerciale* de l'île de la Réunion dans son numéro du 19 mai 1880 ?

« Cette situation nous rend plus amère la déception que nous avons éprouvée en apprenant que le dégrèvement des sucres a été ajourné à l'année prochaine, peut-être indéfiniment. Quant à la détaxe de distance réclamée par la Colonie, on n'en a pas tenu compte. La Chambre des députés a voté sans discussion le tarif des douanes concernant les sucres tel que le proposait la commission spéciale, en y introduisant seulement une augmentation de droit sur les candis. On se demande pourquoi le système des droits compensateurs si bien admis aujourd'hui pour la métropole, ne le serait pas pour les colonies. »

Que dit le *Progrès de la Guadeloupe* dans son numéro du 26 mai 1880 ?

« Le dégrèvement général pour tous les sucres français, puis la détaxe de distance en sus du dégrèvement pour les colonies : telle est une autre opinion formulée récemment par la Chambre de commerce de la Réunion. Cette solution se justifie : l'égalité entre les sucres indigènes et coloniaux existe en droit, mais en fait les conditions de production sont fort inégales ; la détaxe de distance seule rétablira l'égalité.

« Quoiqu'il en soit de ce système, que l'on pourrait rejeter comme étant une protection accordée aux colonies, on voit la situation économique dans laquelle nous nous trouvons. La canne reste encore notre principale production ; c'est elle qui donne le frêt à notre marine marchande. Sous ce point de vue, il faut la défendre comme tous les pays producteurs défendent leur principale denrée. »

Que disent enfin les journaux des autres colonies sucrières et les hommes les plus compétents en la matière ? Partout le même cri, partout le même vœu : la détaxe ! la détaxe !

En terminant, nous faisons appel au patriotisme éclairé de la commission du budget. Au nom de nos concitoyens d'outre-mer si cruellement éprouvés, au nom de notre marine marchande dont la situation est si critique, au nom de notre commerce d'exportation qui laisse tant à désirer, nous la conjurons de prendre en considération la demande si juste, si légitime des colonies françaises.

N. B. Cette brochure a été adressée à tous les membres de la Commission du budget.

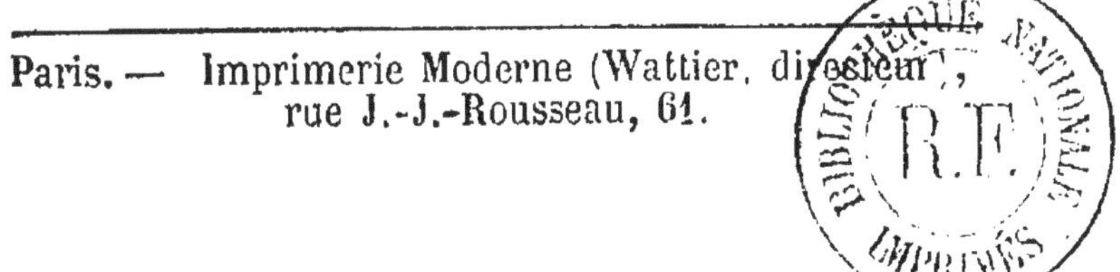

Paris. — Imprimerie Moderne (Wattier, directeur), rue J.-J.-Rousseau, 61.